D1452323

2020 – 2024

5-Year Planner

I. S. Anderson

2020 - 2024

5-Year Planner

ISBN-10: 1-947399-14-4

ISBN-13: 978-1-947399-14-3

For more information regarding this publication, contact: **nahjpress@outlook.com**

First Printing, 2019

2021

JANUARY

S	M	T	W	T	F	S
					1	2
3	4	5	6	7	8	9
10	11	12	13	14	15	16
17	18	19	20	21	22	23
24	25	26	27	28	29	30
31						

FEBRUARY

S	M	T	W	T	F	S
	1	2	3	4	5	6
7	8	9	10	11	12	13
14	15	16	17	18	19	20
21	22	23	24	25	26	27
28						

MARCH

S	M	T	W	T	F	S
	1	2	3	4	5	6
7	8	9	10	11	12	13
14	15	16	17	18	19	20
21	22	23	24	25	26	27
28	29	30	31			

APRIL

S	M	T	W	T	F	S
				1	2	3
4	5	6	7	8	9	10
11	12	13	14	15	16	17
18	19	20	21	22	23	24
25	26	27	28	29	30	

MAY

S	M	T	W	T	F	S
						1
2	3	4	5	6	7	8
9	10	11	12	13	14	15
16	17	18	19	20	21	22
23	24	25	26	27	28	29
30	31					

JUNE

S	M	T	W	T	F	S
		1	2	3	4	5
6	7	8	9	10	11	12
13	14	15	16	17	18	19
20	21	22	23	24	25	26
27	28	29	30			

JULY

S	M	T	W	T	F	S
				1	2	3
4	5	6	7	8	9	10
11	12	13	14	15	16	17
18	19	20	21	22	23	24
25	26	27	28	29	30	31

AUGUST

S	M	T	W	T	F	S
1	2	3	4	5	6	7
8	9	10	11	12	13	14
15	16	17	18	19	20	21
22	23	24	25	26	27	28
29	30	31				

SEPTEMBER

S	M	T	W	T	F	S
			1	2	3	4
5	6	7	8	9	10	11
12	13	14	15	16	17	18
19	20	21	22	23	24	25
26	27	28	29	30		

OCTOBER

S	M	T	W	T	F	S
					1	2
3	4	5	6	7	8	9
10	11	12	13	14	15	16
17	18	19	20	21	22	23
24	25	26	27	28	29	30
31						

NOVEMBER

S	M	T	W	T	F	S
	1	2	3	4	5	6
7	8	9	10	11	12	13
14	15	16	17	18	19	20
21	22	23	24	25	26	27
28	29	30				

DECEMBER

S	M	T	W	T	F	S
			1	2	3	4
5	6	7	8	9	10	11
12	13	14	15	16	17	18
19	20	21	22	23	24	25
26	27	28	29	30	31	

2022

JANUARY

S	M	T	W	T	F	S
						1
2	3	4	5	6	7	8
9	10	11	12	13	14	15
16	17	18	19	20	21	22
23	24	25	26	27	28	29
30	31					

FEBRUARY

S	M	T	W	T	F	S
		1	2	3	4	5
6	7	8	9	10	11	12
13	14	15	16	17	18	19
20	21	22	23	24	25	26
27	28					

MARCH

S	M	T	W	T	F	S
		1	2	3	4	5
6	7	8	9	10	11	12
13	14	15	16	17	18	19
20	21	22	23	24	25	26
27	28	29	30	31		

APRIL

S	M	T	W	T	F	S
					1	2
3	4	5	6	7	8	9
10	11	12	13	14	15	16
17	18	19	20	21	22	23
24	25	26	27	28	29	30

MAY

S	M	T	W	T	F	S
1	2	3	4	5	6	7
8	9	10	11	12	13	14
15	16	17	18	19	20	21
22	23	24	25	26	27	28
29	30	31				

JUNE

S	M	T	W	T	F	S
			1	2	3	4
5	6	7	8	9	10	11
12	13	14	15	16	17	18
19	20	21	22	23	24	25
26	27	28	29	30		

JULY

S	M	T	W	T	F	S
					1	2
3	4	5	6	7	8	9
10	11	12	13	14	15	16
17	18	19	20	21	22	23
24	25	26	27	28	29	30
31						

AUGUST

S	M	T	W	T	F	S
	1	2	3	4	5	6
7	8	9	10	11	12	13
14	15	16	17	18	19	20
21	22	23	24	25	26	27
28	29	30	31			

SEPTEMBER

S	M	T	W	T	F	S
				1	2	3
4	5	6	7	8	9	10
11	12	13	14	15	16	17
18	19	20	21	22	23	24
25	26	27	28	29	30	

OCTOBER

S	M	T	W	T	F	S
						1
2	3	4	5	6	7	8
9	10	11	12	13	14	15
16	17	18	19	20	21	22
23	24	25	26	27	28	29
30	31					

NOVEMBER

S	M	T	W	T	F	S
		1	2	3	4	5
6	7	8	9	10	11	12
13	14	15	16	17	18	19
20	21	22	23	24	25	26
27	28	29	30			

DECEMBER

S	M	T	W	T	F	S
				1	2	3
4	5	6	7	8	9	10
11	12	13	14	15	16	17
18	19	20	21	22	23	24
25	26	27	28	29	30	31

2023

JANUARY

S	M	T	W	T	F	S
1	2	3	4	5	6	7
8	9	10	11	12	13	14
15	16	17	18	19	20	21
22	23	24	25	26	27	28
29	30	31				

FEBRUARY

S	M	T	W	T	F	S
			1	2	3	4
5	6	7	8	9	10	11
12	13	14	15	16	17	18
19	20	21	22	23	24	25
26	27	28				

MARCH

S	M	T	W	T	F	S
			1	2	3	4
5	6	7	8	9	10	11
12	13	14	15	16	17	18
19	20	21	22	23	24	25
26	27	28	29	30	31	

APRIL

S	M	T	W	T	F	S
						1
2	3	4	5	6	7	8
9	10	11	12	13	14	15
16	17	18	19	20	21	22
23	24	25	26	27	28	29
30						

MAY

S	M	T	W	T	F	S
	1	2	3	4	5	6
7	8	9	10	11	12	13
14	15	16	17	18	19	20
21	22	23	24	25	26	27
28	29	30	31			

JUNE

S	M	T	W	T	F	S
				1	2	3
4	5	6	7	8	9	10
11	12	13	14	15	16	17
18	19	20	21	22	23	24
25	26	27	28	29	30	

JULY

S	M	T	W	T	F	S
						1
2	3	4	5	6	7	8
9	10	11	12	13	14	15
16	17	18	19	20	21	22
23	24	25	26	27	28	29
30	31					

AUGUST

S	M	T	W	T	F	S
		1	2	3	4	5
6	7	8	9	10	11	12
13	14	15	16	17	18	19
20	21	22	23	24	25	26
27	28	29	30	31		

SEPTEMBER

S	M	T	W	T	F	S
					1	2
3	4	5	6	7	8	9
10	11	12	13	14	15	16
17	18	19	20	21	22	23
24	25	26	27	28	29	30

OCTOBER

S	M	T	W	T	F	S
1	2	3	4	5	6	7
8	9	10	11	12	13	14
15	16	17	18	19	20	21
22	23	24	25	26	27	28
29	30	31				

NOVEMBER

S	M	T	W	T	F	S
			1	2	3	4
5	6	7	8	9	10	11
12	13	14	15	16	17	18
19	20	21	22	23	24	25
26	27	28	29	30		

DECEMBER

S	M	T	W	T	F	S
					1	2
3	4	5	6	7	8	9
10	11	12	13	14	15	16
17	18	19	20	21	22	23
24	25	26	27	28	29	30
31						

2024

JANUARY
S	M	T	W	T	F	S
	1	2	3	4	5	6
7	8	9	10	11	12	13
14	15	16	17	18	19	20
21	22	23	24	25	26	27
28	29	30	31			

FEBRUARY
S	M	T	W	T	F	S
				1	2	3
4	5	6	7	8	9	10
11	12	13	14	15	16	17
18	19	20	21	22	23	24
25	26	27	28	29		

MARCH
S	M	T	W	T	F	S
					1	2
3	4	5	6	7	8	9
10	11	12	13	14	15	16
17	18	19	20	21	22	23
24	25	26	27	28	29	30
31						

APRIL
S	M	T	W	T	F	S
	1	2	3	4	5	6
7	8	9	10	11	12	13
14	15	16	17	18	19	20
21	22	23	24	25	26	27
28	29	30				

MAY
S	M	T	W	T	F	S
			1	2	3	4
5	6	7	8	9	10	11
12	13	14	15	16	17	18
19	20	21	22	23	24	25
26	27	28	29	30	31	

JUNE
S	M	T	W	T	F	S
						1
2	3	4	5	6	7	8
9	10	11	12	13	14	15
16	17	18	19	20	21	22
23	24	25	26	27	28	29
30						

JULY
S	M	T	W	T	F	S
	1	2	3	4	5	6
7	8	9	10	11	12	13
14	15	16	17	18	19	20
21	22	23	24	25	26	27
28	29	30	31			

AUGUST
S	M	T	W	T	F	S
				1	2	3
4	5	6	7	8	9	10
11	12	13	14	15	16	17
18	19	20	21	22	23	24
25	26	27	28	29	30	31

SEPTEMBER
S	M	T	W	T	F	S
1	2	3	4	5	6	7
8	9	10	11	12	13	14
15	16	17	18	19	20	21
22	23	24	25	26	27	28
29	30					

OCTOBER
S	M	T	W	T	F	S
		1	2	3	4	5
6	7	8	9	10	11	12
13	14	15	16	17	18	19
20	21	22	23	24	25	26
27	28	29	30	31		

NOVEMBER
S	M	T	W	T	F	S
					1	2
3	4	5	6	7	8	9
10	11	12	13	14	15	16
17	18	19	20	21	22	23
24	25	26	27	28	29	30

DECEMBER
S	M	T	W	T	F	S
1	2	3	4	5	6	7
8	9	10	11	12	13	14
15	16	17	18	19	20	21
22	23	24	25	26	27	28
29	30	31				

2025

JANUARY
S	M	T	W	T	F	S
			1	2	3	4
5	6	7	8	9	10	11
12	13	14	15	16	17	18
19	20	21	22	23	24	25
26	27	28	29	30	31	

FEBRUARY
S	M	T	W	T	F	S
						1
2	3	4	5	6	7	8
9	10	11	12	13	14	15
16	17	18	19	20	21	22
23	24	25	26	27	28	

MARCH
S	M	T	W	T	F	S
						1
2	3	4	5	6	7	8
9	10	11	12	13	14	15
16	17	18	19	20	21	22
23	24	25	26	27	28	29
30	31					

APRIL
S	M	T	W	T	F	S
		1	2	3	4	5
6	7	8	9	10	11	12
13	14	15	16	17	18	19
20	21	22	23	24	25	26
27	28	29	30			

MAY
S	M	T	W	T	F	S
				1	2	3
4	5	6	7	8	9	10
11	12	13	14	15	16	17
18	19	20	21	22	23	24
25	26	27	28	29	30	31

JUNE
S	M	T	W	T	F	S
1	2	3	4	5	6	7
8	9	10	11	12	13	14
15	16	17	18	19	20	21
22	23	24	25	26	27	28
29	30					

JULY
S	M	T	W	T	F	S
		1	2	3	4	5
6	7	8	9	10	11	12
13	14	15	16	17	18	19
20	21	22	23	24	25	26
27	28	29	30	31		

AUGUST
S	M	T	W	T	F	S
					1	2
3	4	5	6	7	8	9
10	11	12	13	14	15	16
17	18	19	20	21	22	23
24	25	26	27	28	29	30
31						

SEPTEMBER
S	M	T	W	T	F	S
	1	2	3	4	5	6
7	8	9	10	11	12	13
14	15	16	17	18	19	20
21	22	23	24	25	26	27
28	29	30				

OCTOBER
S	M	T	W	T	F	S
			1	2	3	4
5	6	7	8	9	10	11
12	13	14	15	16	17	18
19	20	21	22	23	24	25
26	27	28	29	30	31	

NOVEMBER
S	M	T	W	T	F	S
						1
2	3	4	5	6	7	8
9	10	11	12	13	14	15
16	17	18	19	20	21	22
23	24	25	26	27	28	29
30						

DECEMBER
S	M	T	W	T	F	S
	1	2	3	4	5	6
7	8	9	10	11	12	13
14	15	16	17	18	19	20
21	22	23	24	25	26	27
28	29	30	31			

JANUARY 2020

SUNDAY	MONDAY	TUESDAY	WEDNESDAY
			1 New Year's Day
5	6	7	8
12	13	14	15
19	20 Martin Luther King Jr. Day	21	22
26	27	28	29

THURSDAY	FRIDAY	SATURDAY	
2	3	4	**DECEMBER** 2019 S M T W T F S 1 2 3 4 5 6 7 8 9 10 11 12 13 14 15 16 17 18 19 20 21 22 23 24 25 26 27 28 29 30 31
9	10	11	**JANUARY** S M T W T F S 1 2 3 4 5 6 7 8 9 10 11 12 13 14 15 16 17 18 19 20 21 22 23 24 25 26 27 28 29 30 31
16	17	18	**FEBRUARY** S M T W T F S 1 2 3 4 5 6 7 8 9 10 11 12 13 14 15 16 17 18 19 20 21 22 23 24 25 26 27 28 29
23	24	25	**MARCH** S M T W T F S 1 2 3 4 5 6 7 8 9 10 11 12 13 14 15 16 17 18 19 20 21 22 23 24 25 26 27 28 29 30 31
30	31		**APRIL** S M T W T F S 1 2 3 4 5 6 7 8 9 10 11 12 13 14 15 16 17 18 19 20 21 22 23 24 25 26 27 28 29 30

FEBRUARY 2020

SUNDAY	MONDAY	TUESDAY	WEDNESDAY
2	3	4	5
9	10	11	12
16	17 Presidents' Day	18	19
23	24	25	26

THURSDAY	FRIDAY	SATURDAY	
		1	**JANUARY** S M T W T F S 1 2 3 4 5 6 7 8 9 10 11 12 13 14 15 16 17 18 19 20 21 22 23 24 25 26 27 28 29 30 31
6	7	8	**FEBRUARY** S M T W T F S 1 2 3 4 5 6 7 8 9 10 11 12 13 14 15 16 17 18 19 20 21 22 23 24 25 26 27 28 29
13	14	15	**MARCH** S M T W T F S 1 2 3 4 5 6 7 8 9 10 11 12 13 14 15 16 17 18 19 20 21 22 23 24 25 26 27 28 29 30 31
20	21	22	**APRIL** S M T W T F S 1 2 3 4 5 6 7 8 9 10 11 12 13 14 15 16 17 18 19 20 21 22 23 24 25 26 27 28 29 30
27	28	29	**MAY** S M T W T F S 1 2 3 4 5 6 7 8 9 10 11 12 13 14 15 16 17 18 19 20 21 22 23 24 25 26 27 28 29 30 31

MARCH 2020

SUNDAY	MONDAY	TUESDAY	WEDNESDAY
1	2	3	4
8	9	10	11
15	16	17	18
22	23	24	25
29	30	31	

THURSDAY	FRIDAY	SATURDAY	
5	6	7	**FEBRUARY** S M T W T F S 1 2 3 4 5 6 7 8 9 10 11 12 13 14 15 16 17 18 19 20 21 22 23 24 25 26 27 28 29
12	13	14	**MARCH** S M T W T F S 1 2 3 4 5 6 7 8 9 10 11 12 13 14 15 16 17 18 19 20 21 22 23 24 25 26 27 28 29 30 31
19	20	21	**APRIL** S M T W T F S 1 2 3 4 5 6 7 8 9 10 11 12 13 14 15 16 17 18 19 20 21 22 23 24 25 26 27 28 29 30
26	27	28	**MAY** S M T W T F S 1 2 3 4 5 6 7 8 9 10 11 12 13 14 15 16 17 18 19 20 21 22 23 24 25 26 27 28 29 30 31
			JUNE S M T W T F S 1 2 3 4 5 6 7 8 9 10 11 12 13 14 15 16 17 18 19 20 21 22 23 24 25 26 27 28 29 30

APRIL 2020

SUNDAY	MONDAY	TUESDAY	WEDNESDAY
			1
5	6	7	8
12	13	14	15
19	20	21	22
26	27	28	29

THURSDAY	FRIDAY	SATURDAY	
2	3	4	**MARCH** S M T W T F S 1 2 3 4 5 6 7 8 9 10 11 12 13 14 15 16 17 18 19 20 21 22 23 24 25 26 27 28 29 30 31
9	10	11	**APRIL** S M T W T F S 1 2 3 4 5 6 7 8 9 10 11 12 13 14 15 16 17 18 19 20 21 22 23 24 25 26 27 28 29 30
16	17	18	**MAY** S M T W T F S 1 2 3 4 5 6 7 8 9 10 11 12 13 14 15 16 17 18 19 20 21 22 23 24 25 26 27 28 29 30 31
23	24	25	**JUNE** S M T W T F S 1 2 3 4 5 6 7 8 9 10 11 12 13 14 15 16 17 18 19 20 21 22 23 24 25 26 27 28 29 30
30			**JULY** S M T W T F S 1 2 3 4 5 6 7 8 9 10 11 12 13 14 15 16 17 18 19 20 21 22 23 24 25 26 27 28 29 30 31

MAY 2020

SUNDAY	MONDAY	TUESDAY	WEDNESDAY
3	4	5	6
10	11	12	13
17	18	19	20
24	25	26	27
31	Memorial Day		

THURSDAY	FRIDAY	SATURDAY	
	1	2	**APRIL** S M T W T F S 1 2 3 4 5 6 7 8 9 10 11 12 13 14 15 16 17 18 19 20 21 22 23 24 25 26 27 28 29 30
7	8	9	**MAY** S M T W T F S 1 2 3 4 5 6 7 8 9 10 11 12 13 14 15 16 17 18 19 20 21 22 23 24 25 26 27 28 29 30 31
14	15	16	**JUNE** S M T W T F S 1 2 3 4 5 6 7 8 9 10 11 12 13 14 15 16 17 18 19 20 21 22 23 24 25 26 27 28 29 30
21	22	23	**JULY** S M T W T F S 1 2 3 4 5 6 7 8 9 10 11 12 13 14 15 16 17 18 19 20 21 22 23 24 25 26 27 28 29 30 31
28	29	30	**AUGUST** S M T W T F S 1 2 3 4 5 6 7 8 9 10 11 12 13 14 15 16 17 18 19 20 21 22 23 24 25 26 27 28 29 30 31

JUNE 2020

SUNDAY	MONDAY	TUESDAY	WEDNESDAY
	1	2	3
7	8	9	10
14	15	16	17
21	22	23	24
28	29	30	

THURSDAY	FRIDAY	SATURDAY	
4	5	6	**MAY** S M T W T F S 1 2 3 4 5 6 7 8 9 10 11 12 13 14 15 16 17 18 19 20 21 22 23 24 25 26 27 28 29 30 31
11	12	13	**JUNE** S M T W T F S 1 2 3 4 5 6 7 8 9 10 11 12 13 14 15 16 17 18 19 20 21 22 23 24 25 26 27 28 29 30
18	19	20	**JULY** S M T W T F S 1 2 3 4 5 6 7 8 9 10 11 12 13 14 15 16 17 18 19 20 21 22 23 24 25 26 27 28 29 30 31
25	26	27	**AUGUST** S M T W T F S 1 2 3 4 5 6 7 8 9 10 11 12 13 14 15 16 17 18 19 20 21 22 23 24 25 26 27 28 29 30 31
			SEPTEMBER S M T W T F S 1 2 3 4 5 6 7 8 9 10 11 12 13 14 15 16 17 18 19 20 21 22 23 24 25 26 27 28 29 30

JULY 2020

SUNDAY	MONDAY	TUESDAY	WEDNESDAY
			1
5	6	7	8
12	13	14	15
19	20	21	22
26	27	28	29

THURSDAY	FRIDAY	SATURDAY	
2	3	4	**JUNE** S M T W T F S 1 2 3 4 5 6 7 8 9 10 11 12 13 14 15 16 17 18 19 20 21 22 23 24 25 26 27 28 29 30
		Independence Day	
9	10	11	**JULY** S M T W T F S 1 2 3 4 5 6 7 8 9 10 11 12 13 14 15 16 17 18 19 20 21 22 23 24 25 26 27 28 29 30 31
16	17	18	**AUGUST** S M T W T F S 1 2 3 4 5 6 7 8 9 10 11 12 13 14 15 16 17 18 19 20 21 22 23 24 25 26 27 28 29 30 31
23	24	25	**SEPTEMBER** S M T W T F S 1 2 3 4 5 6 7 8 9 10 11 12 13 14 15 16 17 18 19 20 21 22 23 24 25 26 27 28 29 30
30	31		**OCTOBER** S M T W T F S 1 2 3 4 5 6 7 8 9 10 11 12 13 14 15 16 17 18 19 20 21 22 23 24 25 26 27 28 29 30 31

AUGUST 2020

SUNDAY	MONDAY	TUESDAY	WEDNESDAY
2	3	4	5
9	10	11	12
16	17	18	19
23 30	24 31	25	26

THURSDAY	FRIDAY	SATURDAY	
		1	**JULY** S M T W T F S 1 2 3 4 5 6 7 8 9 10 11 12 13 14 15 16 17 18 19 20 21 22 23 24 25 26 27 28 29 30 31
6	7	8	**AUGUST** S M T W T F S 1 2 3 4 5 6 7 8 9 10 11 12 13 14 15 16 17 18 19 20 21 22 23 24 25 26 27 28 29 30 31
13	14	15	**SEPTEMBER** S M T W T F S 1 2 3 4 5 6 7 8 9 10 11 12 13 14 15 16 17 18 19 20 21 22 23 24 25 26 27 28 29 30
20	21	22	**OCTOBER** S M T W T F S 1 2 3 4 5 6 7 8 9 10 11 12 13 14 15 16 17 18 19 20 21 22 23 24 25 26 27 28 29 30 31
27	28	29	**NOVEMBER** S M T W T F S 1 2 3 4 5 6 7 8 9 10 11 12 13 14 15 16 17 18 19 20 21 22 23 24 25 26 27 28 29 30

SEPTEMBER 2020

SUNDAY	MONDAY	TUESDAY	WEDNESDAY
		1	2
6	7	8	9
	Labor Day		
13	14	15	16
20	21	22	23
27	28	29	30

THURSDAY	FRIDAY	SATURDAY	
3	4	5	**AUGUST** S M T W T F S 1 2 3 4 5 6 7 8 9 10 11 12 13 14 15 16 17 18 19 20 21 22 23 24 25 26 27 28 29 30 31
10	11	12	**SEPTEMBER** S M T W T F S 1 2 3 4 5 6 7 8 9 10 11 12 13 14 15 16 17 18 19 20 21 22 23 24 25 26 27 28 29 30
17	18	19	**OCTOBER** S M T W T F S 1 2 3 4 5 6 7 8 9 10 11 12 13 14 15 16 17 18 19 20 21 22 23 24 25 26 27 28 29 30 31
24	25	26	**NOVEMBER** S M T W T F S 1 2 3 4 5 6 7 8 9 10 11 12 13 14 15 16 17 18 19 20 21 22 23 24 25 26 27 28 29 30
			DECEMBER S M T W T F S 1 2 3 4 5 6 7 8 9 10 11 12 13 14 15 16 17 18 19 20 21 22 23 24 25 26 27 28 29 30 31

OCTOBER 2020

SUNDAY	MONDAY	TUESDAY	WEDNESDAY
4	5	6	7
11	12	13	14
	Columbus Day		
18	19	20	21
25	26	27	28

THURSDAY	FRIDAY	SATURDAY	
1	2	3	**SEPTEMBER** S M T W T F S 1 2 3 4 5 6 7 8 9 10 11 12 13 14 15 16 17 18 19 20 21 22 23 24 25 26 27 28 29 30
8	9	10	**OCTOBER** S M T W T F S 1 2 3 4 5 6 7 8 9 10 11 12 13 14 15 16 17 18 19 20 21 22 23 24 25 26 27 28 29 30 31
15	16	17	**NOVEMBER** S M T W T F S 1 2 3 4 5 6 7 8 9 10 11 12 13 14 15 16 17 18 19 20 21 22 23 24 25 26 27 28 29 30
22	23	24	**DECEMBER** S M T W T F S 1 2 3 4 5 6 7 8 9 10 11 12 13 14 15 16 17 18 19 20 21 22 23 24 25 26 27 28 29 30 31
29	30	31	**JANUARY** 2021 S M T W T F S 1 2 3 4 5 6 7 8 9 10 11 12 13 14 15 16 17 18 19 20 21 22 23 24 25 26 27 28 29 30 31

NOVEMBER 2020

SUNDAY	MONDAY	TUESDAY	WEDNESDAY
1	2	3	4
8	9	10	11 Veterans Day
15	16	17	18
22	23	24	25
29	30		

THURSDAY	FRIDAY	SATURDAY	
5	6	7	**OCTOBER** S M T W T F S 1 2 3 4 5 6 7 8 9 10 11 12 13 14 15 16 17 18 19 20 21 22 23 24 25 26 27 28 29 30 31
12	13	14	**NOVEMBER** S M T W T F S 1 2 3 4 5 6 7 8 9 10 11 12 13 14 15 16 17 18 19 20 21 22 23 24 25 26 27 28 29 30
19	20	21	**DECEMBER** S M T W T F S 1 2 3 4 5 6 7 8 9 10 11 12 13 14 15 16 17 18 19 20 21 22 23 24 25 26 27 28 29 30 31
26 Thanksgiving Day	27	28	**JANUARY** 2021 S M T W T F S 1 2 3 4 5 6 7 8 9 10 11 12 13 14 15 16 17 18 19 20 21 22 23 24 25 26 27 28 29 30 31
			FEBRUARY S M T W T F S 1 2 3 4 5 6 7 8 9 10 11 12 13 14 15 16 17 18 19 20 21 22 23 24 25 26 27 28

DECEMBER 2020

SUNDAY	MONDAY	TUESDAY	WEDNESDAY
		1	2
6	7	8	9
13	14	15	16
20	21	22	23
27	28	29	30

THURSDAY	FRIDAY	SATURDAY	
3	4	5	**NOVEMBER** S M T W T F S 1 2 3 4 5 6 7 8 9 10 11 12 13 14 15 16 17 18 19 20 21 22 23 24 25 26 27 28 29 30
10	11	12	**DECEMBER** S M T W T F S 1 2 3 4 5 6 7 8 9 10 11 12 13 14 15 16 17 18 19 20 21 22 23 24 25 26 27 28 29 30 31
17	18	19	**JANUARY** 2021 S M T W T F S 1 2 3 4 5 6 7 8 9 10 11 12 13 14 15 16 17 18 19 20 21 22 23 24 25 26 27 28 29 30 31
24	25 Christmas Day	26	**FEBRUARY** S M T W T F S 1 2 3 4 5 6 7 8 9 10 11 12 13 14 15 16 17 18 19 20 21 22 23 24 25 26 27 28
31			**MARCH** S M T W T F S 1 2 3 4 5 6 7 8 9 10 11 12 13 14 15 16 17 18 19 20 21 22 23 24 25 26 27 28 29 30 31

2021

JANUARY 2021

SUNDAY	MONDAY	TUESDAY	WEDNESDAY
3	4	5	6
10	11	12	13
17	18	19	20
	Martin Luther King Jr. Day		
24	25	26	27
31			

THURSDAY	FRIDAY	SATURDAY	
	1	2	**DECEMBER** 2020 S M T W T F S 　　1　2　3　4　5 6　7　8　9　10　11　12 13　14　15　16　17　18　19 20　21　22　23　24　25　26 27　28　29　30　31
	New Year's Day		
7	8	9	**JANUARY** S M T W T F S 　　　　　1　2 3　4　5　6　7　8　9 10　11　12　13　14　15　16 17　18　19　20　21　22　23 24　25　26　27　28　29　30 31
14	15	16	**FEBRUARY** S M T W T F S 　1　2　3　4　5　6 7　8　9　10　11　12　13 14　15　16　17　18　19　20 21　22　23　24　25　26　27 28
21	22	23	**MARCH** S M T W T F S 　1　2　3　4　5　6 7　8　9　10　11　12　13 14　15　16　17　18　19　20 21　22　23　24　25　26　27 28　29　30　31
28	29	30	**APRIL** S M T W T F S 　　　　　1　2　3 4　5　6　7　8　9　10 11　12　13　14　15　16　17 18　19　20　21　22　23　24 25　26　27　28　29　30

FEBRUARY 2021

SUNDAY	MONDAY	TUESDAY	WEDNESDAY
	1	2	3
7	8	9	10
14	15	16	17
21	22 Presidents' Day	23	24
28			

THURSDAY	FRIDAY	SATURDAY	
4	5	6	**JANUARY** S M T W T F S 1 2 3 4 5 6 7 8 9 10 11 12 13 14 15 16 17 18 19 20 21 22 23 24 25 26 27 28 29 30 31
11	12	13	**FEBRUARY** S M T W T F S 1 2 3 4 5 6 7 8 9 10 11 12 13 14 15 16 17 18 19 20 21 22 23 24 25 26 27 28
18	19	20	**MARCH** S M T W T F S 1 2 3 4 5 6 7 8 9 10 11 12 13 14 15 16 17 18 19 20 21 22 23 24 25 26 27 28 29 30 31
25	26	27	**APRIL** S M T W T F S 1 2 3 4 5 6 7 8 9 10 11 12 13 14 15 16 17 18 19 20 21 22 23 24 25 26 27 28 29 30
			MAY S M T W T F S 1 2 3 4 5 6 7 8 9 10 11 12 13 14 15 16 17 18 19 20 21 22 23 24 25 26 27 28 29 30 31

MARCH 2021

SUNDAY	MONDAY	TUESDAY	WEDNESDAY
	1	2	3
7	8	9	10
14	15	16	17
21	22	23	24
28	29	30	31

THURSDAY	FRIDAY	SATURDAY	
4	5	6	**FEBRUARY** S M T W T F S 1 2 3 4 5 6 7 8 9 10 11 12 13 14 15 16 17 18 19 20 21 22 23 24 25 26 27 28
11	12	13	**MARCH** S M T W T F S 1 2 3 4 5 6 7 8 9 10 11 12 13 14 15 16 17 18 19 20 21 22 23 24 25 26 27 28 29 30 31
18	19	20	**APRIL** S M T W T F S 1 2 3 4 5 6 7 8 9 10 11 12 13 14 15 16 17 18 19 20 21 22 23 24 25 26 27 28 29 30
25	26	27	**MAY** S M T W T F S 1 2 3 4 5 6 7 8 9 10 11 12 13 14 15 16 17 18 19 20 21 22 23 24 25 26 27 28 29 30 31
			JUNE S M T W T F S 1 2 3 4 5 6 7 8 9 10 11 12 13 14 15 16 17 18 19 20 21 22 23 24 25 26 27 28 29 30

APRIL 2021

SUNDAY	MONDAY	TUESDAY	WEDNESDAY
4	5	6	7
11	12	13	14
18	19	20	21
25	26	27	28

THURSDAY	FRIDAY	SATURDAY	
1	2	3	**MARCH** S M T W T F S 1 2 3 4 5 6 7 8 9 10 11 12 13 14 15 16 17 18 19 20 21 22 23 24 25 26 27 28 29 30 31
8	9	10	**APRIL** S M T W T F S 1 2 3 4 5 6 7 8 9 10 11 12 13 14 15 16 17 18 19 20 21 22 23 24 25 26 27 28 29 30
15	16	17	**MAY** S M T W T F S 1 2 3 4 5 6 7 8 9 10 11 12 13 14 15 16 17 18 19 20 21 22 23 24 25 26 27 28 29 30 31
22	23	24	**JUNE** S M T W T F S 1 2 3 4 5 6 7 8 9 10 11 12 13 14 15 16 17 18 19 20 21 22 23 24 25 26 27 28 29 30
29	30		**JULY** S M T W T F S 1 2 3 4 5 6 7 8 9 10 11 12 13 14 15 16 17 18 19 20 21 22 23 24 25 26 27 28 29 30 31

MAY 2021

SUNDAY	MONDAY	TUESDAY	WEDNESDAY
2	3	4	5
9	10	11	12
16	17	18	19
23 / 30	24 / 31 Memorial Day	25	26

THURSDAY	FRIDAY	SATURDAY	
		1	**APRIL** S M T W T F S 1 2 3 4 5 6 7 8 9 10 11 12 13 14 15 16 17 18 19 20 21 22 23 24 25 26 27 28 29 30
6	7	8	**MAY** S M T W T F S 1 2 3 4 5 6 7 8 9 10 11 12 13 14 15 16 17 18 19 20 21 22 23 24 25 26 27 28 29 30 31
13	14	15	**JUNE** S M T W T F S 1 2 3 4 5 6 7 8 9 10 11 12 13 14 15 16 17 18 19 20 21 22 23 24 25 26 27 28 29 30
20	21	22	**JULY** S M T W T F S 1 2 3 4 5 6 7 8 9 10 11 12 13 14 15 16 17 18 19 20 21 22 23 24 25 26 27 28 29 30 31
27	28	29	**AUGUST** S M T W T F S 1 2 3 4 5 6 7 8 9 10 11 12 13 14 15 16 17 18 19 20 21 22 23 24 25 26 27 28 29 30 31

JUNE 2021

SUNDAY	MONDAY	TUESDAY	WEDNESDAY
		1	2
6	7	8	9
13	14	15	16
20	21	22	23
27	28	29	30

THURSDAY	FRIDAY	SATURDAY	
3	4	5	**MAY** S M T W T F S 　　　　　　1 2 3 4 5 6 7 8 9 10 11 12 13 14 15 16 17 18 19 20 21 22 23 24 25 26 27 28 29 30 31
10	11	12	**JUNE** S M T W T F S 　　1 2 3 4 5 6 7 8 9 10 11 12 13 14 15 16 17 18 19 20 21 22 23 24 25 26 27 28 29 30
17	18	19	**JULY** S M T W T F S 　　　　1 2 3 4 5 6 7 8 9 10 11 12 13 14 15 16 17 18 19 20 21 22 23 24 25 26 27 28 29 30 31
24	25	26	**AUGUST** S M T W T F S 1 2 3 4 5 6 7 8 9 10 11 12 13 14 15 16 17 18 19 20 21 22 23 24 25 26 27 28 29 30 31
			SEPTEMBER S M T W T F S 　　　1 2 3 4 5 6 7 8 9 10 11 12 13 14 15 16 17 18 19 20 21 22 23 24 25 26 27 28 29 30

JULY 2021

SUNDAY	MONDAY	TUESDAY	WEDNESDAY
4 Independence Day	5	6	7
11	12	13	14
18	19	20	21
25	26	27	28

THURSDAY	FRIDAY	SATURDAY	
1	2	3	**JUNE** S M T W T F S 1 2 3 4 5 6 7 8 9 10 11 12 13 14 15 16 17 18 19 20 21 22 23 24 25 26 27 28 29 30
8	9	10	**JULY** S M T W T F S 1 2 3 4 5 6 7 8 9 10 11 12 13 14 15 16 17 18 19 20 21 22 23 24 25 26 27 28 29 30 31
15	16	17	**AUGUST** S M T W T F S 1 2 3 4 5 6 7 8 9 10 11 12 13 14 15 16 17 18 19 20 21 22 23 24 25 26 27 28 29 30 31
22	23	24	**SEPTEMBER** S M T W T F S 1 2 3 4 5 6 7 8 9 10 11 12 13 14 15 16 17 18 19 20 21 22 23 24 25 26 27 28 29 30
29	30	31	**OCTOBER** S M T W T F S 1 2 3 4 5 6 7 8 9 10 11 12 13 14 15 16 17 18 19 20 21 22 23 24 25 26 27 28 29 30 31

AUGUST 2021

SUNDAY	MONDAY	TUESDAY	WEDNESDAY
1	2	3	4
8	9	10	11
15	16	17	18
22	23	24	25
29	30	31	

THURSDAY	FRIDAY	SATURDAY	
5	6	7	**JULY** S M T W T F S 1 2 3 4 5 6 7 8 9 10 11 12 13 14 15 16 17 18 19 20 21 22 23 24 25 26 27 28 29 30 31
12	13	14	**AUGUST** S M T W T F S 1 2 3 4 5 6 7 8 9 10 11 12 13 14 15 16 17 18 19 20 21 22 23 24 25 26 27 28 29 30 31
19	20	21	**SEPTEMBER** S M T W T F S 1 2 3 4 5 6 7 8 9 10 11 12 13 14 15 16 17 18 19 20 21 22 23 24 25 26 27 28 29 30
26	27	28	**OCTOBER** S M T W T F S 1 2 3 4 5 6 7 8 9 10 11 12 13 14 15 16 17 18 19 20 21 22 23 24 25 26 27 28 29 30 31
			NOVEMBER S M T W T F S 1 2 3 4 5 6 7 8 9 10 11 12 13 14 15 16 17 18 19 20 21 22 23 24 25 26 27 28 29 30

SEPTEMBER 2021

SUNDAY	MONDAY	TUESDAY	WEDNESDAY
			1
5	6	7	8
	Labor Day		
12	13	14	15
19	20	21	22
26	27	28	29

THURSDAY	FRIDAY	SATURDAY	
2	3	4	**AUGUST** S M T W T F S 1 2 3 4 5 6 7 8 9 10 11 12 13 14 15 16 17 18 19 20 21 22 23 24 25 26 27 28 29 30 31
9	10	11	**SEPTEMBER** S M T W T F S 1 2 3 4 5 6 7 8 9 10 11 12 13 14 15 16 17 18 19 20 21 22 23 24 25 26 27 28 29 30
16	17	18	**OCTOBER** S M T W T F S 1 2 3 4 5 6 7 8 9 10 11 12 13 14 15 16 17 18 19 20 21 22 23 24 25 26 27 28 29 30 31
23	24	25	**NOVEMBER** S M T W T F S 1 2 3 4 5 6 7 8 9 10 11 12 13 14 15 16 17 18 19 20 21 22 23 24 25 26 27 28 29 30
30			**DECEMBER** S M T W T F S 1 2 3 4 5 6 7 8 9 10 11 12 13 14 15 16 17 18 19 20 21 22 23 24 25 26 27 28 29 30 31

OCTOBER 2021

SUNDAY	MONDAY	TUESDAY	WEDNESDAY
3	4	5	6
10	11	12	13
	Columbus Day		
17	18	19	20
24	25	26	27
31			

THURSDAY	FRIDAY	SATURDAY	
	1	2	**SEPTEMBER** S M T W T F S 　　　1　2　3　4 5　6　7　8　9　10　11 12　13　14　15　16　17　18 19　20　21　22　23　24　25 26　27　28　29　30
7	8	9	**OCTOBER** S M T W T F S 　　　　　1　2 3　4　5　6　7　8　9 10　11　12　13　14　15　16 17　18　19　20　21　22　23 24　25　26　27　28　29　30 31
14	15	16	**NOVEMBER** S M T W T F S 　1　2　3　4　5　6 7　8　9　10　11　12　13 14　15　16　17　18　19　20 21　22　23　24　25　26　27 28　29　30
21	22	23	**DECEMBER** S M T W T F S 　　　　1　2　3　4 5　6　7　8　9　10　11 12　13　14　15　16　17　18 19　20　21　22　23　24　25 26　27　28　29　30　31
28	29	30	**JANUARY**　　　　**2022** S M T W T F S 　　　　　　　1 2　3　4　5　6　7　8 9　10　11　12　13　14　15 16　17　18　19　20　21　22 23　24　25　26　27　28　29 30　31

NOVEMBER 2021

SUNDAY	MONDAY	TUESDAY	WEDNESDAY
	1	2	3
7	8	9	10
14	15	16	17
21	22	23	24
28	29	30	

THURSDAY	FRIDAY	SATURDAY	
4	5	6	**OCTOBER** S M T W T F S 1 2 3 4 5 6 7 8 9 10 11 12 13 14 15 16 17 18 19 20 21 22 23 24 25 26 27 28 29 30 31
11 Veterans Day	12	13	**NOVEMBER** S M T W T F S 1 2 3 4 5 6 7 8 9 10 11 12 13 14 15 16 17 18 19 20 21 22 23 24 25 26 27 28 29 30
18	19	20	**DECEMBER** S M T W T F S 1 2 3 4 5 6 7 8 9 10 11 12 13 14 15 16 17 18 19 20 21 22 23 24 25 26 27 28 29 30 31
25 Thanksgiving Day	26	27	**JANUARY** 2022 S M T W T F S 1 2 3 4 5 6 7 8 9 10 11 12 13 14 15 16 17 18 19 20 21 22 23 24 25 26 27 28 29 30 31
			FEBRUARY S M T W T F S 1 2 3 4 5 6 7 8 9 10 11 12 13 14 15 16 17 18 19 20 21 22 23 24 25 26 27 28

DECEMBER 2021

SUNDAY	MONDAY	TUESDAY	WEDNESDAY
			1
5	6	7	8
12	13	14	15
19	20	21	22
26	27	28	29

THURSDAY	FRIDAY	SATURDAY	
2	3	4	**NOVEMBER** S M T W T F S 1 2 3 4 5 6 7 8 9 10 11 12 13 14 15 16 17 18 19 20 21 22 23 24 25 26 27 28 29 30
9	10	11	**DECEMBER** S M T W T F S 1 2 3 4 5 6 7 8 9 10 11 12 13 14 15 16 17 18 19 20 21 22 23 24 25 26 27 28 29 30 31
16	17	18	**JANUARY** **2022** S M T W T F S 1 2 3 4 5 6 7 8 9 10 11 12 13 14 15 16 17 18 19 20 21 22 23 24 25 26 27 28 29 30 31
23	24	25 Christmas Day	**FEBRUARY** S M T W T F S 1 2 3 4 5 6 7 8 9 10 11 12 13 14 15 16 17 18 19 20 21 22 23 24 25 26 27 28
30	31		**MARCH** S M T W T F S 1 2 3 4 5 6 7 8 9 10 11 12 13 14 15 16 17 18 19 20 21 22 23 24 25 26 27 28 29 30 31

2022

JANUARY 2022

SUNDAY	MONDAY	TUESDAY	WEDNESDAY
2	3	4	5
9	10	11	12
16	17 Martin Luther King Jr. Day	18	19
23 / 30	24 / 31	25	26

THURSDAY	FRIDAY	SATURDAY	
		1 New Year's Day	**DECEMBER** 2021 S M T W T F S 1 2 3 4 5 6 7 8 9 10 11 12 13 14 15 16 17 18 19 20 21 22 23 24 25 26 27 28 29 30 31
6	7	8	**JANUARY** S M T W T F S 1 2 3 4 5 6 7 8 9 10 11 12 13 14 15 16 17 18 19 20 21 22 23 24 25 26 27 28 29 30 31
13	14	15	**FEBRUARY** S M T W T F S 1 2 3 4 5 6 7 8 9 10 11 12 13 14 15 16 17 18 19 20 21 22 23 24 25 26 27 28
20	21	22	**MARCH** S M T W T F S 1 2 3 4 5 6 7 8 9 10 11 12 13 14 15 16 17 18 19 20 21 22 23 24 25 26 27 28 29 30 31
27	28	29	**APRIL** S M T W T F S 1 2 3 4 5 6 7 8 9 10 11 12 13 14 15 16 17 18 19 20 21 22 23 24 25 26 27 28 29 30

FEBRUARY 2022

SUNDAY	MONDAY	TUESDAY	WEDNESDAY
		1	2
6	7	8	9
13	14	15	16
20	21 Presidents' Day	22	23
27	28		

THURSDAY	FRIDAY	SATURDAY	
3	4	5	**JANUARY** S M T W T F S 1 2 3 4 5 6 7 8 9 10 11 12 13 14 15 16 17 18 19 20 21 22 23 24 25 26 27 28 29 30 31
10	11	12	**FEBRUARY** S M T W T F S 1 2 3 4 5 6 7 8 9 10 11 12 13 14 15 16 17 18 19 20 21 22 23 24 25 26 27 28
17	18	19	**MARCH** S M T W T F S 1 2 3 4 5 6 7 8 9 10 11 12 13 14 15 16 17 18 19 20 21 22 23 24 25 26 27 28 29 30 31
24	25	26	**APRIL** S M T W T F S 1 2 3 4 5 6 7 8 9 10 11 12 13 14 15 16 17 18 19 20 21 22 23 24 25 26 27 28 29 30
			MAY S M T W T F S 1 2 3 4 5 6 7 8 9 10 11 12 13 14 15 16 17 18 19 20 21 22 23 24 25 26 27 28 29 30 31

MARCH 2022

SUNDAY	MONDAY	TUESDAY	WEDNESDAY
		1	2
6	7	8	9
13	14	15	16
20	21	22	23
27	28	29	30

THURSDAY	FRIDAY	SATURDAY	
3	4	5	**FEBRUARY** S M T W T F S 　　1　2　3　4　5 6　7　8　9　10　11　12 13　14　15　16　17　18　19 20　21　22　23　24　25　26 27　28
10	11	12	**MARCH** S M T W T F S 　　1　2　3　4　5 6　7　8　9　10　11　12 13　14　15　16　17　18　19 20　21　22　23　24　25　26 27　28　29　30　31
17	18	19	**APRIL** S M T W T F S 　　　　　　1　2 3　4　5　6　7　8　9 10　11　12　13　14　15　16 17　18　19　20　21　22　23 24　25　26　27　28　29　30
24	25	26	**MAY** S M T W T F S 1　2　3　4　5　6　7 8　9　10　11　12　13　14 15　16　17　18　19　20　21 22　23　24　25　26　27　28 29　30　31
31			**JUNE** S M T W T F S 　　　　1　2　3　4 5　6　7　8　9　10　11 12　13　14　15　16　17　18 19　20　21　22　23　24　25 26　27　28　29　30

APRIL 2022

SUNDAY	MONDAY	TUESDAY	WEDNESDAY
3	4	5	6
10	11	12	13
17	18	19	20
24	25	26	27

THURSDAY	FRIDAY	SATURDAY	
	1	2	**MARCH** S M T W T F S 　　1　2　3　4　5 6　7　8　9　10　11　12 13　14　15　16　17　18　19 20　21　22　23　24　25　26 27　28　29　30　31
7	8	9	**APRIL** S M T W T F S 　　　　　1　2 3　4　5　6　7　8　9 10　11　12　13　14　15　16 17　18　19　20　21　22　23 24　25　26　27　28　29　30
14	15	16	**MAY** S M T W T F S 1　2　3　4　5　6　7 8　9　10　11　12　13　14 15　16　17　18　19　20　21 22　23　24　25　26　27　28 29　30　31
21	22	23	**JUNE** S M T W T F S 　　　1　2　3　4 5　6　7　8　9　10　11 12　13　14　15　16　17　18 19　20　21　22　23　24　25 26　27　28　29　30
28	29	30	**JULY** S M T W T F S 　　　　　1　2 3　4　5　6　7　8　9 10　11　12　13　14　15　16 17　18　19　20　21　22　23 24　25　26　27　28　29　30 31

MAY 2022

SUNDAY	MONDAY	TUESDAY	WEDNESDAY
1	2	3	4
8	9	10	11
15	16	17	18
22	23	24	25
29	30 Memorial Day	31	

THURSDAY	FRIDAY	SATURDAY	
5	6	7	**APRIL** S M T W T F S 1 2 3 4 5 6 7 8 9 10 11 12 13 14 15 16 17 18 19 20 21 22 23 24 25 26 27 28 29 30
12	13	14	**MAY** S M T W T F S 1 2 3 4 5 6 7 8 9 10 11 12 13 14 15 16 17 18 19 20 21 22 23 24 25 26 27 28 29 30 31
19	20	21	**JUNE** S M T W T F S 1 2 3 4 5 6 7 8 9 10 11 12 13 14 15 16 17 18 19 20 21 22 23 24 25 26 27 28 29 30
26	27	28	**JULY** S M T W T F S 1 2 3 4 5 6 7 8 9 10 11 12 13 14 15 16 17 18 19 20 21 22 23 24 25 26 27 28 29 30 31
			AUGUST S M T W T F S 1 2 3 4 5 6 7 8 9 10 11 12 13 14 15 16 17 18 19 20 21 22 23 24 25 26 27 28 29 30 31

JUNE 2022

SUNDAY	MONDAY	TUESDAY	WEDNESDAY
			1
5	6	7	8
12	13	14	15
19	20	21	22
26	27	28	29

THURSDAY	FRIDAY	SATURDAY	
2	3	4	**MAY** S M T W T F S 1 2 3 4 5 6 7 8 9 10 11 12 13 14 15 16 17 18 19 20 21 22 23 24 25 26 27 28 29 30 31
9	10	11	**JUNE** S M T W T F S 1 2 3 4 5 6 7 8 9 10 11 12 13 14 15 16 17 18 19 20 21 22 23 24 25 26 27 28 29 30
16	17	18	**JULY** S M T W T F S 1 2 3 4 5 6 7 8 9 10 11 12 13 14 15 16 17 18 19 20 21 22 23 24 25 26 27 28 29 30 31
23	24	25	**AUGUST** S M T W T F S 1 2 3 4 5 6 7 8 9 10 11 12 13 14 15 16 17 18 19 20 21 22 23 24 25 26 27 28 29 30 31
30			**SEPTEMBER** S M T W T F S 1 2 3 4 5 6 7 8 9 10 11 12 13 14 15 16 17 18 19 20 21 22 23 24 25 26 27 28 29 30

JULY 2022

SUNDAY	MONDAY	TUESDAY	WEDNESDAY
3	4	5	6
	Independence Day		
10	11	12	13
17	18	19	20
24	25	26	27
31			

THURSDAY	FRIDAY	SATURDAY	
	1	2	**JUNE** S M T W T F S 1 2 3 4 5 6 7 8 9 10 11 12 13 14 15 16 17 18 19 20 21 22 23 24 25 26 27 28 29 30
7	8	9	**JULY** S M T W T F S 1 2 3 4 5 6 7 8 9 10 11 12 13 14 15 16 17 18 19 20 21 22 23 24 25 26 27 28 29 30 31
14	15	16	**AUGUST** S M T W T F S 1 2 3 4 5 6 7 8 9 10 11 12 13 14 15 16 17 18 19 20 21 22 23 24 25 26 27 28 29 30 31
21	22	23	**SEPTEMBER** S M T W T F S 1 2 3 4 5 6 7 8 9 10 11 12 13 14 15 16 17 18 19 20 21 22 23 24 25 26 27 28 29 30
28	29	30	**OCTOBER** S M T W T F S 1 2 3 4 5 6 7 8 9 10 11 12 13 14 15 16 17 18 19 20 21 22 23 24 25 26 27 28 29 30 31

AUGUST 2022

SUNDAY	MONDAY	TUESDAY	WEDNESDAY
	1	2	3
7	8	9	10
14	15	16	17
21	22	23	24
28	29	30	31

THURSDAY	FRIDAY	SATURDAY	
4	5	6	**JULY** S M T W T F S 1 2 3 4 5 6 7 8 9 10 11 12 13 14 15 16 17 18 19 20 21 22 23 24 25 26 27 28 29 30 31
11	12	13	**AUGUST** S M T W T F S 1 2 3 4 5 6 7 8 9 10 11 12 13 14 15 16 17 18 19 20 21 22 23 24 25 26 27 28 29 30 31
18	19	20	**SEPTEMBER** S M T W T F S 1 2 3 4 5 6 7 8 9 10 11 12 13 14 15 16 17 18 19 20 21 22 23 24 25 26 27 28 29 30
25	26	27	**OCTOBER** S M T W T F S 1 2 3 4 5 6 7 8 9 10 11 12 13 14 15 16 17 18 19 20 21 22 23 24 25 26 27 28 29 30 31
			NOVEMBER S M T W T F S 1 2 3 4 5 6 7 8 9 10 11 12 13 14 15 16 17 18 19 20 21 22 23 24 25 26 27 28 29 30

SEPTEMBER 2022

SUNDAY	MONDAY	TUESDAY	WEDNESDAY
4	5	6	7
	Labor Day		
11	12	13	14
18	19	20	21
25	26	27	28

THURSDAY	FRIDAY	SATURDAY	
1	2	3	**AUGUST** S M T W T F S 1 2 3 4 5 6 7 8 9 10 11 12 13 14 15 16 17 18 19 20 21 22 23 24 25 26 27 28 29 30 31
8	9	10	**SEPTEMBER** S M T W T F S 1 2 3 4 5 6 7 8 9 10 11 12 13 14 15 16 17 18 19 20 21 22 23 24 25 26 27 28 29 30
15	16	17	**OCTOBER** S M T W T F S 1 2 3 4 5 6 7 8 9 10 11 12 13 14 15 16 17 18 19 20 21 22 23 24 25 26 27 28 29 30 31
22	23	24	**NOVEMBER** S M T W T F S 1 2 3 4 5 6 7 8 9 10 11 12 13 14 15 16 17 18 19 20 21 22 23 24 25 26 27 28 29 30
29	30		**DECEMBER** S M T W T F S 1 2 3 4 5 6 7 8 9 10 11 12 13 14 15 16 17 18 19 20 21 22 23 24 25 26 27 28 29 30 31

OCTOBER 2022

SUNDAY	MONDAY	TUESDAY	WEDNESDAY
2	3	4	5
9	10	11	12
	Columbus Day		
16	17	18	19
23	24	25	26
30	31		

THURSDAY	FRIDAY	SATURDAY	
		1	**SEPTEMBER** S M T W T F S 1 2 3 4 5 6 7 8 9 10 11 12 13 14 15 16 17 18 19 20 21 22 23 24 25 26 27 28 29 30
6	7	8	**OCTOBER** S M T W T F S 1 2 3 4 5 6 7 8 9 10 11 12 13 14 15 16 17 18 19 20 21 22 23 24 25 26 27 28 29 30 31
13	14	15	**NOVEMBER** S M T W T F S 1 2 3 4 5 6 7 8 9 10 11 12 13 14 15 16 17 18 19 20 21 22 23 24 25 26 27 28 29 30
20	21	22	**DECEMBER** S M T W T F S 1 2 3 4 5 6 7 8 9 10 11 12 13 14 15 16 17 18 19 20 21 22 23 24 25 26 27 28 29 30 31
27	28	29	**JANUARY** **2023** S M T W T F S 1 2 3 4 5 6 7 8 9 10 11 12 13 14 15 16 17 18 19 20 21 22 23 24 25 26 27 28 29 30 31

NOVEMBER 2022

SUNDAY	MONDAY	TUESDAY	WEDNESDAY
		1	2
6	7	8	9
13	14	15	16
20	21	22	23
27	28	29	30

THURSDAY	FRIDAY	SATURDAY	
3	4	5	**OCTOBER** S M T W T F S 1 2 3 4 5 6 7 8 9 10 11 12 13 14 15 16 17 18 19 20 21 22 23 24 25 26 27 28 29 30 31
10	11 Veterans Day	12	**NOVEMBER** S M T W T F S 1 2 3 4 5 6 7 8 9 10 11 12 13 14 15 16 17 18 19 20 21 22 23 24 25 26 27 28 29 30
17	18	19	**DECEMBER** S M T W T F S 1 2 3 4 5 6 7 8 9 10 11 12 13 14 15 16 17 18 19 20 21 22 23 24 25 26 27 28 29 30 31
24 Thanksgiving Day	25	26	**JANUARY** 2023 S M T W T F S 1 2 3 4 5 6 7 8 9 10 11 12 13 14 15 16 17 18 19 20 21 22 23 24 25 26 27 28 29 30 31
			FEBRUARY S M T W T F S 1 2 3 4 5 6 7 8 9 10 11 12 13 14 15 16 17 18 19 20 21 22 23 24 25 26 27 28

DECEMBER 2022

SUNDAY	MONDAY	TUESDAY	WEDNESDAY
4	5	6	7
11	12	13	14
18	19	20	21
25 Christmas Day	26	27	28

THURSDAY	FRIDAY	SATURDAY	
1	2	3	**NOVEMBER** S M T W T F S 1 2 3 4 5 6 7 8 9 10 11 12 13 14 15 16 17 18 19 20 21 22 23 24 25 26 27 28 29 30
8	9	10	**DECEMBER** S M T W T F S 1 2 3 4 5 6 7 8 9 10 11 12 13 14 15 16 17 18 19 20 21 22 23 24 25 26 27 28 29 30 31
15	16	17	**JANUARY** 2023 S M T W T F S 1 2 3 4 5 6 7 8 9 10 11 12 13 14 15 16 17 18 19 20 21 22 23 24 25 26 27 28 29 30 31
22	23	24	**FEBRUARY** S M T W T F S 1 2 3 4 5 6 7 8 9 10 11 12 13 14 15 16 17 18 19 20 21 22 23 24 25 26 27 28
29	30	31	**MARCH** S M T W T F S 1 2 3 4 5 6 7 8 9 10 11 12 13 14 15 16 17 18 19 20 21 22 23 24 25 26 27 28 29 30 31

2023

JANUARY 2023

SUNDAY	MONDAY	TUESDAY	WEDNESDAY
1 New Year's Day	2	3	4
8	9	10	11
15	16 Martin Luther King Jr. Day	17	18
22	23	24	25
29	30	31	

THURSDAY	FRIDAY	SATURDAY	
5	6	7	**DECEMBER** 2022 S M T W T F S 1 2 3 4 5 6 7 8 9 10 11 12 13 14 15 16 17 18 19 20 21 22 23 24 25 26 27 28 29 30 31
12	13	14	**JANUARY** S M T W T F S 1 2 3 4 5 6 7 8 9 10 11 12 13 14 15 16 17 18 19 20 21 22 23 24 25 26 27 28 29 30 31
19	20	21	**FEBRUARY** S M T W T F S 1 2 3 4 5 6 7 8 9 10 11 12 13 14 15 16 17 18 19 20 21 22 23 24 25 26 27 28
26	27	28	**MARCH** S M T W T F S 1 2 3 4 5 6 7 8 9 10 11 12 13 14 15 16 17 18 19 20 21 22 23 24 25 26 27 28 29 30 31
			APRIL S M T W T F S 1 2 3 4 5 6 7 8 9 10 11 12 13 14 15 16 17 18 19 20 21 22 23 24 25 26 27 28 29 30

FEBRUARY 2023

SUNDAY	MONDAY	TUESDAY	WEDNESDAY
			1
5	6	7	8
12	13	14	15
19	20 Presidents' Day	21	22
26	27	28	

THURSDAY	FRIDAY	SATURDAY	
2	3	4	**JANUARY** S M T W T F S 1 2 3 4 5 6 7 8 9 10 11 12 13 14 15 16 17 18 19 20 21 22 23 24 25 26 27 28 29 30 31
9	10	11	**FEBRUARY** S M T W T F S 1 2 3 4 5 6 7 8 9 10 11 12 13 14 15 16 17 18 19 20 21 22 23 24 25 26 27 28
16	17	18	**MARCH** S M T W T F S 1 2 3 4 5 6 7 8 9 10 11 12 13 14 15 16 17 18 19 20 21 22 23 24 25 26 27 28 29 30 31
23	24	25	**APRIL** S M T W T F S 1 2 3 4 5 6 7 8 9 10 11 12 13 14 15 16 17 18 19 20 21 22 23 24 25 26 27 28 29 30
			MAY S M T W T F S 1 2 3 4 5 6 7 8 9 10 11 12 13 14 15 16 17 18 19 20 21 22 23 24 25 26 27 28 29 30 31

MARCH 2023

SUNDAY	MONDAY	TUESDAY	WEDNESDAY
			1
5	6	7	8
12	13	14	15
19	20	21	22
26	27	28	29

THURSDAY	FRIDAY	SATURDAY	
2	3	4	**FEBRUARY** S M T W T F S 1 2 3 4 5 6 7 8 9 10 11 12 13 14 15 16 17 18 19 20 21 22 23 24 25 26 27 28
9	10	11	**MARCH** S M T W T F S 1 2 3 4 5 6 7 8 9 10 11 12 13 14 15 16 17 18 19 20 21 22 23 24 25 26 27 28 29 30 31
16	17	18	**APRIL** S M T W T F S 1 2 3 4 5 6 7 8 9 10 11 12 13 14 15 16 17 18 19 20 21 22 23 24 25 26 27 28 29 30
23	24	25	**MAY** S M T W T F S 1 2 3 4 5 6 7 8 9 10 11 12 13 14 15 16 17 18 19 20 21 22 23 24 25 26 27 28 29 30 31
30	31		**JUNE** S M T W T F S 1 2 3 4 5 6 7 8 9 10 11 12 13 14 15 16 17 18 19 20 21 22 23 24 25 26 27 28 29 30

APRIL 2023

SUNDAY	MONDAY	TUESDAY	WEDNESDAY
2	3	4	5
9	10	11	12
16	17	18	19
23 30	24	25	26

THURSDAY	FRIDAY	SATURDAY	
		1	**MARCH** S M T W T F S 　 　 　 1 2 3 4 5 6 7 8 9 10 11 12 13 14 15 16 17 18 19 20 21 22 23 24 25 26 27 28 29 30 31
6	7	8	**APRIL** S M T W T F S 　 　 　 　 　 　 1 2 3 4 5 6 7 8 9 10 11 12 13 14 15 16 17 18 19 20 21 22 23 24 25 26 27 28 29 30
13	14	15	**MAY** S M T W T F S 　 1 2 3 4 5 6 7 8 9 10 11 12 13 14 15 16 17 18 19 20 21 22 23 24 25 26 27 28 29 30 31
20	21	22	**JUNE** S M T W T F S 　 　 　 　 1 2 3 4 5 6 7 8 9 10 11 12 13 14 15 16 17 18 19 20 21 22 23 24 25 26 27 28 29 30
27	28	29	**JULY** S M T W T F S 　 　 　 　 　 　 1 2 3 4 5 6 7 8 9 10 11 12 13 14 15 16 17 18 19 20 21 22 23 24 25 26 27 28 29 30 31

MAY 2023

SUNDAY	MONDAY	TUESDAY	WEDNESDAY
	1	2	3
7	8	9	10
14	15	16	17
21	22	23	24
28	29	30	31

Memorial Day

THURSDAY	FRIDAY	SATURDAY	
4	5	6	**APRIL** S M T W T F S 1 2 3 4 5 6 7 8 9 10 11 12 13 14 15 16 17 18 19 20 21 22 23 24 25 26 27 28 29 30
11	12	13	**MAY** S M T W T F S 1 2 3 4 5 6 7 8 9 10 11 12 13 14 15 16 17 18 19 20 21 22 23 24 25 26 27 28 29 30 31
18	19	20	**JUNE** S M T W T F S 1 2 3 4 5 6 7 8 9 10 11 12 13 14 15 16 17 18 19 20 21 22 23 24 25 26 27 28 29 30
25	26	27	**JULY** S M T W T F S 1 2 3 4 5 6 7 8 9 10 11 12 13 14 15 16 17 18 19 20 21 22 23 24 25 26 27 28 29 30 31
			AUGUST S M T W T F S 1 2 3 4 5 6 7 8 9 10 11 12 13 14 15 16 17 18 19 20 21 22 23 24 25 26 27 28 29 30 31

JUNE 2023

SUNDAY	MONDAY	TUESDAY	WEDNESDAY
4	5	6	7
11	12	13	14
18	19	20	21
25	26	27	28

THURSDAY	FRIDAY	SATURDAY	
1	2	3	**MAY** S M T W T F S 1 2 3 4 5 6 7 8 9 10 11 12 13 14 15 16 17 18 19 20 21 22 23 24 25 26 27 28 29 30 31
8	9	10	**JUNE** S M T W T F S 1 2 3 4 5 6 7 8 9 10 11 12 13 14 15 16 17 18 19 20 21 22 23 24 25 26 27 28 29 30
15	16	17	**JULY** S M T W T F S 1 2 3 4 5 6 7 8 9 10 11 12 13 14 15 16 17 18 19 20 21 22 23 24 25 26 27 28 29 30 31
22	23	24	**AUGUST** S M T W T F S 1 2 3 4 5 6 7 8 9 10 11 12 13 14 15 16 17 18 19 20 21 22 23 24 25 26 27 28 29 30 31
29	30		**SEPTEMBER** S M T W T F S 1 2 3 4 5 6 7 8 9 10 11 12 13 14 15 16 17 18 19 20 21 22 23 24 25 26 27 28 29 30

JULY 2023

SUNDAY	MONDAY	TUESDAY	WEDNESDAY
2	3	4 *Independence Day*	5
9	10	11	12
16	17	18	19
23 / 30	24 / 31	25	26

THURSDAY	FRIDAY	SATURDAY	
		1	**JUNE** S M T W T F S 1 2 3 4 5 6 7 8 9 10 11 12 13 14 15 16 17 18 19 20 21 22 23 24 25 26 27 28 29 30
6	7	8	**JULY** S M T W T F S 1 2 3 4 5 6 7 8 9 10 11 12 13 14 15 16 17 18 19 20 21 22 23 24 25 26 27 28 29 30 31
13	14	15	**AUGUST** S M T W T F S 1 2 3 4 5 6 7 8 9 10 11 12 13 14 15 16 17 18 19 20 21 22 23 24 25 26 27 28 29 30 31
20	21	22	**SEPTEMBER** S M T W T F S 1 2 3 4 5 6 7 8 9 10 11 12 13 14 15 16 17 18 19 20 21 22 23 24 25 26 27 28 29 30
27	28	29	**OCTOBER** S M T W T F S 1 2 3 4 5 6 7 8 9 10 11 12 13 14 15 16 17 18 19 20 21 22 23 24 25 26 27 28 29 30 31

AUGUST 2023

SUNDAY	MONDAY	TUESDAY	WEDNESDAY
		1	2
6	7	8	9
13	14	15	16
20	21	22	23
27	28	29	30

THURSDAY	FRIDAY	SATURDAY	
3	4	5	**JULY** S M T W T F S 1 2 3 4 5 6 7 8 9 10 11 12 13 14 15 16 17 18 19 20 21 22 23 24 25 26 27 28 29 30 31
10	11	12	**AUGUST** S M T W T F S 1 2 3 4 5 6 7 8 9 10 11 12 13 14 15 16 17 18 19 20 21 22 23 24 25 26 27 28 29 30 31
17	18	19	**SEPTEMBER** S M T W T F S 1 2 3 4 5 6 7 8 9 10 11 12 13 14 15 16 17 18 19 20 21 22 23 24 25 26 27 28 29 30
24	25	26	**OCTOBER** S M T W T F S 1 2 3 4 5 6 7 8 9 10 11 12 13 14 15 16 17 18 19 20 21 22 23 24 25 26 27 28 29 30 31
31			**NOVEMBER** S M T W T F S 1 2 3 4 5 6 7 8 9 10 11 12 13 14 15 16 17 18 19 20 21 22 23 24 25 26 27 28 29 30

SEPTEMBER 2023

SUNDAY	MONDAY	TUESDAY	WEDNESDAY
3	4	5	6
	Labor Day		
10	11	12	13
17	18	19	20
24	25	26	27

THURSDAY	FRIDAY	SATURDAY	
	1	2	**AUGUST** S M T W T F S 1 2 3 4 5 6 7 8 9 10 11 12 13 14 15 16 17 18 19 20 21 22 23 24 25 26 27 28 29 30 31
7	8	9	**SEPTEMBER** S M T W T F S 1 2 3 4 5 6 7 8 9 10 11 12 13 14 15 16 17 18 19 20 21 22 23 24 25 26 27 28 29 30
14	15	16	**OCTOBER** S M T W T F S 1 2 3 4 5 6 7 8 9 10 11 12 13 14 15 16 17 18 19 20 21 22 23 24 25 26 27 28 29 30 31
21	22	23	**NOVEMBER** S M T W T F S 1 2 3 4 5 6 7 8 9 10 11 12 13 14 15 16 17 18 19 20 21 22 23 24 25 26 27 28 29 30
28	29	30	**DECEMBER** S M T W T F S 1 2 3 4 5 6 7 8 9 10 11 12 13 14 15 16 17 18 19 20 21 22 23 24 25 26 27 28 29 30 31

OCTOBER 2023

SUNDAY	MONDAY	TUESDAY	WEDNESDAY
1	2	3	4
8	9	10	11
	Columbus Day		
15	16	17	18
22	23	24	25
29	30	31	

THURSDAY	FRIDAY	SATURDAY	
5	6	7	**SEPTEMBER** S M T W T F S 1 2 3 4 5 6 7 8 9 10 11 12 13 14 15 16 17 18 19 20 21 22 23 24 25 26 27 28 29 30
12	13	14	**OCTOBER** S M T W T F S 1 2 3 4 5 6 7 8 9 10 11 12 13 14 15 16 17 18 19 20 21 22 23 24 25 26 27 28 29 30 31
19	20	21	**NOVEMBER** S M T W T F S 1 2 3 4 5 6 7 8 9 10 11 12 13 14 15 16 17 18 19 20 21 22 23 24 25 26 27 28 29 30
26	27	28	**DECEMBER** S M T W T F S 1 2 3 4 5 6 7 8 9 10 11 12 13 14 15 16 17 18 19 20 21 22 23 24 25 26 27 28 29 30 31
			JANUARY **2024** S M T W T F S 1 2 3 4 5 6 7 8 9 10 11 12 13 14 15 16 17 18 19 20 21 22 23 24 25 26 27 28 29 30 31

NOVEMBER 2023

SUNDAY	MONDAY	TUESDAY	WEDNESDAY
			1
5	6	7	8
12	13	14	15
19	20	21	22
26	27	28	29

THURSDAY	FRIDAY	SATURDAY	
2	3	4	**OCTOBER** S M T W T F S 1 2 3 4 5 6 7 8 9 10 11 12 13 14 15 16 17 18 19 20 21 22 23 24 25 26 27 28 29 30 31
9	10	11 Veterans Day	**NOVEMBER** S M T W T F S 1 2 3 4 5 6 7 8 9 10 11 12 13 14 15 16 17 18 19 20 21 22 23 24 25 26 27 28 29 30
16	17	18	**DECEMBER** S M T W T F S 1 2 3 4 5 6 7 8 9 10 11 12 13 14 15 16 17 18 19 20 21 22 23 24 25 26 27 28 29 30 31
23 Thanksgiving Day	24	25	**JANUARY** 2024 S M T W T F S 1 2 3 4 5 6 7 8 9 10 11 12 13 14 15 16 17 18 19 20 21 22 23 24 25 26 27 28 29 30 31
30			**FEBRUARY** S M T W T F S 1 2 3 4 5 6 7 8 9 10 11 12 13 14 15 16 17 18 19 20 21 22 23 24 25 26 27 28 29

DECEMBER 2023

SUNDAY	MONDAY	TUESDAY	WEDNESDAY
3	4	5	6
10	11	12	13
17	18	19	20
24	25	26	27
31	Christmas Day		

THURSDAY	FRIDAY	SATURDAY	
	1	2	**NOVEMBER** S M T W T F S 1 2 3 4 5 6 7 8 9 10 11 12 13 14 15 16 17 18 19 20 21 22 23 24 25 26 27 28 29 30
7	8	9	**DECEMBER** S M T W T F S 1 2 3 4 5 6 7 8 9 10 11 12 13 14 15 16 17 18 19 20 21 22 23 24 25 26 27 28 29 30 31
14	15	16	**JANUARY** 2024 S M T W T F S 1 2 3 4 5 6 7 8 9 10 11 12 13 14 15 16 17 18 19 20 21 22 23 24 25 26 27 28 29 30 31
21	22	23	**FEBRUARY** S M T W T F S 1 2 3 4 5 6 7 8 9 10 11 12 13 14 15 16 17 18 19 20 21 22 23 24 25 26 27 28 29
28	29	30	**MARCH** S M T W T F S 1 2 3 4 5 6 7 8 9 10 11 12 13 14 15 16 17 18 19 20 21 22 23 24 25 26 27 28 29 30 31

2024

JANUARY 2024

SUNDAY	MONDAY	TUESDAY	WEDNESDAY
	1 New Year's Day	2	3
7	8	9	10
14	15 Martin Luther King Jr. Day	16	17
21	22	23	24
28	29	30	31

THURSDAY	FRIDAY	SATURDAY	
4	5	6	**DECEMBER** 2023 S M T W T F S 1 2 3 4 5 6 7 8 9 10 11 12 13 14 15 16 17 18 19 20 21 22 23 24 25 26 27 28 29 30 31
11	12	13	**JANUARY** S M T W T F S 1 2 3 4 5 6 7 8 9 10 11 12 13 14 15 16 17 18 19 20 21 22 23 24 25 26 27 28 29 30 31
18	19	20	**FEBRUARY** S M T W T F S 1 2 3 4 5 6 7 8 9 10 11 12 13 14 15 16 17 18 19 20 21 22 23 24 25 26 27 28 29
25	26	27	**MARCH** S M T W T F S 1 2 3 4 5 6 7 8 9 10 11 12 13 14 15 16 17 18 19 20 21 22 23 24 25 26 27 28 29 30 31
			APRIL S M T W T F S 1 2 3 4 5 6 7 8 9 10 11 12 13 14 15 16 17 18 19 20 21 22 23 24 25 26 27 28 29 30

FEBRUARY 2024

SUNDAY	MONDAY	TUESDAY	WEDNESDAY
4	5	6	7
11	12	13	14
18	19	20	21
	Presidents' Day		
25	26	27	28

THURSDAY	FRIDAY	SATURDAY	
1	2	3	**JANUARY** S M T W T F S 1 2 3 4 5 6 7 8 9 10 11 12 13 14 15 16 17 18 19 20 21 22 23 24 25 26 27 28 29 30 31
8	9	10	**FEBRUARY** S M T W T F S 1 2 3 4 5 6 7 8 9 10 11 12 13 14 15 16 17 18 19 20 21 22 23 24 25 26 27 28 29
15	16	17	**MARCH** S M T W T F S 1 2 3 4 5 6 7 8 9 10 11 12 13 14 15 16 17 18 19 20 21 22 23 24 25 26 27 28 29 30 31
22	23	24	**APRIL** S M T W T F S 1 2 3 4 5 6 7 8 9 10 11 12 13 14 15 16 17 18 19 20 21 22 23 24 25 26 27 28 29 30
29			**MAY** S M T W T F S 1 2 3 4 5 6 7 8 9 10 11 12 13 14 15 16 17 18 19 20 21 22 23 24 25 26 27 28 29 30 31

MARCH 2024

SUNDAY	MONDAY	TUESDAY	WEDNESDAY
3	4	5	6
10	11	12	13
17	18	19	20
24	25	26	27
	31		

THURSDAY	FRIDAY	SATURDAY	
	1	2	**FEBRUARY** S M T W T F S 1 2 3 4 5 6 7 8 9 10 11 12 13 14 15 16 17 18 19 20 21 22 23 24 25 26 27 28 29
7	8	9	**MARCH** S M T W T F S 1 2 3 4 5 6 7 8 9 10 11 12 13 14 15 16 17 18 19 20 21 22 23 24 25 26 27 28 29 30 31
14	15	16	**APRIL** S M T W T F S 1 2 3 4 5 6 7 8 9 10 11 12 13 14 15 16 17 18 19 20 21 22 23 24 25 26 27 28 29 30
21	22	23	**MAY** S M T W T F S 1 2 3 4 5 6 7 8 9 10 11 12 13 14 15 16 17 18 19 20 21 22 23 24 25 26 27 28 29 30 31
28	29	30	**JUNE** S M T W T F S 1 2 3 4 5 6 7 8 9 10 11 12 13 14 15 16 17 18 19 20 21 22 23 24 25 26 27 28 29 30

APRIL 2024

SUNDAY	MONDAY	TUESDAY	WEDNESDAY
	1	2	3
7	8	9	10
14	15	16	17
21	22	23	24
28	29	30	

THURSDAY	FRIDAY	SATURDAY	
4	5	6	**MARCH** S M T W T F S 1 2 3 4 5 6 7 8 9 10 11 12 13 14 15 16 17 18 19 20 21 22 23 24 25 26 27 28 29 30 31
11	12	13	**APRIL** S M T W T F S 1 2 3 4 5 6 7 8 9 10 11 12 13 14 15 16 17 18 19 20 21 22 23 24 25 26 27 28 29 30
18	19	20	**MAY** S M T W T F S 1 2 3 4 5 6 7 8 9 10 11 12 13 14 15 16 17 18 19 20 21 22 23 24 25 26 27 28 29 30 31
25	26	27	**JUNE** S M T W T F S 1 2 3 4 5 6 7 8 9 10 11 12 13 14 15 16 17 18 19 20 21 22 23 24 25 26 27 28 29 30
			JULY S M T W T F S 1 2 3 4 5 6 7 8 9 10 11 12 13 14 15 16 17 18 19 20 21 22 23 24 25 26 27 28 29 30 31

MAY 2024

SUNDAY	MONDAY	TUESDAY	WEDNESDAY
			1
5	6	7	8
12	13	14	15
19	20	21	22
26	27	28	29

Memorial Day

THURSDAY	FRIDAY	SATURDAY	
2	3	4	**APRIL** S M T W T F S 1 2 3 4 5 6 7 8 9 10 11 12 13 14 15 16 17 18 19 20 21 22 23 24 25 26 27 28 29 30
9	10	11	**MAY** S M T W T F S 1 2 3 4 5 6 7 8 9 10 11 12 13 14 15 16 17 18 19 20 21 22 23 24 25 26 27 28 29 30 31
16	17	18	**JUNE** S M T W T F S 1 2 3 4 5 6 7 8 9 10 11 12 13 14 15 16 17 18 19 20 21 22 23 24 25 26 27 28 29 30
23	24	25	**JULY** S M T W T F S 1 2 3 4 5 6 7 8 9 10 11 12 13 14 15 16 17 18 19 20 21 22 23 24 25 26 27 28 29 30 31
30	31		**AUGUST** S M T W T F S 1 2 3 4 5 6 7 8 9 10 11 12 13 14 15 16 17 18 19 20 21 22 23 24 25 26 27 28 29 30 31

JUNE 2024

SUNDAY	MONDAY	TUESDAY	WEDNESDAY
2	3	4	5
9	10	11	12
16	17	18	19
23 30	24	25	26

THURSDAY	FRIDAY	SATURDAY	
		1	**MAY** S M T W T F S 1 2 3 4 5 6 7 8 9 10 11 12 13 14 15 16 17 18 19 20 21 22 23 24 25 26 27 28 29 30 31
6	7	8	**JUNE** S M T W T F S 1 2 3 4 5 6 7 8 9 10 11 12 13 14 15 16 17 18 19 20 21 22 23 24 25 26 27 28 29 30
13	14	15	**JULY** S M T W T F S 1 2 3 4 5 6 7 8 9 10 11 12 13 14 15 16 17 18 19 20 21 22 23 24 25 26 27 28 29 30 31
20	21	22	**AUGUST** S M T W T F S 1 2 3 4 5 6 7 8 9 10 11 12 13 14 15 16 17 18 19 20 21 22 23 24 25 26 27 28 29 30 31
27	28	29	**SEPTEMBER** S M T W T F S 1 2 3 4 5 6 7 8 9 10 11 12 13 14 15 16 17 18 19 20 21 22 23 24 25 26 27 28 29 30

JULY 2024

SUNDAY	MONDAY	TUESDAY	WEDNESDAY
	1	2	3
7	8	9	10
14	15	16	17
21	22	23	24
28	29	30	31

THURSDAY	FRIDAY	SATURDAY	
4	5	6	**JUNE** S M T W T F S 1 2 3 4 5 6 7 8 9 10 11 12 13 14 15 16 17 18 19 20 21 22 23 24 25 26 27 28 29 30
Independence Day			
11	12	13	**JULY** S M T W T F S 1 2 3 4 5 6 7 8 9 10 11 12 13 14 15 16 17 18 19 20 21 22 23 24 25 26 27 28 29 30 31
18	19	20	**AUGUST** S M T W T F S 1 2 3 4 5 6 7 8 9 10 11 12 13 14 15 16 17 18 19 20 21 22 23 24 25 26 27 28 29 30 31
25	26	27	**SEPTEMBER** S M T W T F S 1 2 3 4 5 6 7 8 9 10 11 12 13 14 15 16 17 18 19 20 21 22 23 24 25 26 27 28 29 30
			OCTOBER S M T W T F S 1 2 3 4 5 6 7 8 9 10 11 12 13 14 15 16 17 18 19 20 21 22 23 24 25 26 27 28 29 30 31

AUGUST 2024

SUNDAY	MONDAY	TUESDAY	WEDNESDAY
4	5	6	7
11	12	13	14
18	19	20	21
25	26	27	28

THURSDAY	FRIDAY	SATURDAY	
1	2	3	**JULY** S M T W T F S 1 2 3 4 5 6 7 8 9 10 11 12 13 14 15 16 17 18 19 20 21 22 23 24 25 26 27 28 29 30 31
8	9	10	**AUGUST** S M T W T F S 1 2 3 4 5 6 7 8 9 10 11 12 13 14 15 16 17 18 19 20 21 22 23 24 25 26 27 28 29 30 31
15	16	17	**SEPTEMBER** S M T W T F S 1 2 3 4 5 6 7 8 9 10 11 12 13 14 15 16 17 18 19 20 21 22 23 24 25 26 27 28 29 30
22	23	24	**OCTOBER** S M T W T F S 1 2 3 4 5 6 7 8 9 10 11 12 13 14 15 16 17 18 19 20 21 22 23 24 25 26 27 28 29 30 31
29	30	31	**NOVEMBER** S M T W T F S 1 2 3 4 5 6 7 8 9 10 11 12 13 14 15 16 17 18 19 20 21 22 23 24 25 26 27 28 29 30

SEPTEMBER 2024

SUNDAY	MONDAY	TUESDAY	WEDNESDAY
1	2 Labor Day	3	4
8	9	10	11
15	16	17	18
22	23	24	25
29	30		

THURSDAY	FRIDAY	SATURDAY	
5	6	7	**AUGUST** S M T W T F S 1 2 3 4 5 6 7 8 9 10 11 12 13 14 15 16 17 18 19 20 21 22 23 24 25 26 27 28 29 30 31
12	13	14	**SEPTEMBER** S M T W T F S 1 2 3 4 5 6 7 8 9 10 11 12 13 14 15 16 17 18 19 20 21 22 23 24 25 26 27 28 29 30
19	20	21	**OCTOBER** S M T W T F S 1 2 3 4 5 6 7 8 9 10 11 12 13 14 15 16 17 18 19 20 21 22 23 24 25 26 27 28 29 30 31
26	27	28	**NOVEMBER** S M T W T F S 1 2 3 4 5 6 7 8 9 10 11 12 13 14 15 16 17 18 19 20 21 22 23 24 25 26 27 28 29 30
			DECEMBER S M T W T F S 1 2 3 4 5 6 7 8 9 10 11 12 13 14 15 16 17 18 19 20 21 22 23 24 25 26 27 28 29 30 31

OCTOBER 2024

SUNDAY	MONDAY	TUESDAY	WEDNESDAY
		1	2
6	7	8	9
13	14	15	16
20	21 Columbus Day	22	23
27	28	29	30

THURSDAY	FRIDAY	SATURDAY	
3	4	5	**SEPTEMBER** S M T W T F S 1 2 3 4 5 6 7 8 9 10 11 12 13 14 15 16 17 18 19 20 21 22 23 24 25 26 27 28 29 30
10	11	12	**OCTOBER** S M T W T F S 1 2 3 4 5 6 7 8 9 10 11 12 13 14 15 16 17 18 19 20 21 22 23 24 25 26 27 28 29 30 31
17	18	19	**NOVEMBER** S M T W T F S 1 2 3 4 5 6 7 8 9 10 11 12 13 14 15 16 17 18 19 20 21 22 23 24 25 26 27 28 29 30
24	25	26	**DECEMBER** S M T W T F S 1 2 3 4 5 6 7 8 9 10 11 12 13 14 15 16 17 18 19 20 21 22 23 24 25 26 27 28 29 30 31
31			**JANUARY** **2025** S M T W T F S 1 2 3 4 5 6 7 8 9 10 11 12 13 14 15 16 17 18 19 20 21 22 23 24 25 26 27 28 29 30 31

NOVEMBER 2024

SUNDAY	MONDAY	TUESDAY	WEDNESDAY
3	4	5	6
10	11	12	13
17	18 Veterans Day	19	20
24	25	26	27

THURSDAY	FRIDAY	SATURDAY	
	1	2	**OCTOBER** S M T W T F S 1 2 3 4 5 6 7 8 9 10 11 12 13 14 15 16 17 18 19 20 21 22 23 24 25 26 27 28 29 30 31
7	8	9	**NOVEMBER** S M T W T F S 1 2 3 4 5 6 7 8 9 10 11 12 13 14 15 16 17 18 19 20 21 22 23 24 25 26 27 28 29 30
14	15	16	**DECEMBER** S M T W T F S 1 2 3 4 5 6 7 8 9 10 11 12 13 14 15 16 17 18 19 20 21 22 23 24 25 26 27 28 29 30 31
21	22	23	**JANUARY** 2025 S M T W T F S 1 2 3 4 5 6 7 8 9 10 11 12 13 14 15 16 17 18 19 20 21 22 23 24 25 26 27 28 29 30 31
28 Thanksgiving Day	29	30	**FEBRUARY** S M T W T F S 1 2 3 4 5 6 7 8 9 10 11 12 13 14 15 16 17 18 19 20 21 22 23 24 25 26 27 28

DECEMBER 2024

SUNDAY	MONDAY	TUESDAY	WEDNESDAY
1	2	3	4
8	9	10	11
15	16	17	18
22	23	24	25 Christmas Day
29	30	31	

THURSDAY	FRIDAY	SATURDAY	
5	6	7	**NOVEMBER** S M T W T F S 1 2 3 4 5 6 7 8 9 10 11 12 13 14 15 16 17 18 19 20 21 22 23 24 25 26 27 28 29 30
12	13	14	**DECEMBER** S M T W T F S 1 2 3 4 5 6 7 8 9 10 11 12 13 14 15 16 17 18 19 20 21 22 23 24 25 26 27 28 29 30 31
19	20	21	**JANUARY** 2025 S M T W T F S 1 2 3 4 5 6 7 8 9 10 11 12 13 14 15 16 17 18 19 20 21 22 23 24 25 26 27 28 29 30 31
26	27	28	**FEBRUARY** S M T W T F S 1 2 3 4 5 6 7 8 9 10 11 12 13 14 15 16 17 18 19 20 21 22 23 24 25 26 27 28
			MARCH S M T W T F S 1 2 3 4 5 6 7 8 9 10 11 12 13 14 15 16 17 18 19 20 21 22 23 24 25 26 27 28 29 30 31

Name & Address	Phone & Fax	Name & Address	Phone & Fax

Name & Address	Phone & Fax	Name & Address	Phone & Fax

Name & Address	Phone & Fax	Name & Address	Phone & Fax

CPSIA information can be obtained
at www.ICGtesting.com
Printed in the USA
BVHW011637240520
580212BV00007B/142